DISCOURS

prononcé en l'église des Cordeliers

AU MARIAGE DE M. Dominique LALIGANT

AVEC

Mlle Adrienne PETITPERRIN

par M. l'abbé SERRUROT

CURÉ DE CETTE PAROISSE

le 10 juillet 1877

LONS-LE-SAUNIER

IMPRIMERIE ET LITHOGRAPHIE J. MAYET ET Cie

20, RUE St-DÉSIRÉ, 20

1877

DISCOURS DE M. SERRUROT

DISCOURS

prononcé en l'église des Cordeliers

AU MARIAGE DE M. Dominique LALIGANT

AVEC

Mlle Adrienne PETITPERRIN

par M. l'abbé SERRUROT

CURÉ DE CETTE PAROISSE

le 10 juillet 1877

LONS-LE-SAUNIER

IMPRIMERIE ET LITHOGRAPHIE J. MAYET ET Cie

20, RUE ST-DÉSIRÉ, 20

—

1877

DISCOURS

PRONONCÉ PAR

M. l'Abbé SERRUROT.

Mardi, 10 juillet, une cérémonie religieuse et toute de famille réunissait dans l'église paroissiale des Cordeliers, à Lons-le-Saunier, une nombreuse assistance.

Au pied du sanctuaire, deux jeunes fiancés venaient recevoir la bénédiction nuptiale. Près d'eux avait pris place toute leur parenté. Des amis en grand nombre, le Cercle catholique d'ouvriers en corps et l'élite de la société lédonienne témoignaient par leur présence de leur attachement et de leur estime pour les deux familles dont cette alliance devait resserrer les liens.

M. Dominique LALIGANT allait donner son nom à Mlle Adrienne PETITPERRIN. Outre les pères et mères des futurs époux, on remarquait dans la parenté : M. Imbert ingénieur civil, beau-frère de la mariée; Mme Imbert et Mlle Thérèse Petitperrin, ses sœurs; M. Henri Laligant, ingénieur des arts et manufactures;

M. l'abbé Bernard Laligant, séminariste de St-Sulpice; M. Maurice Laligant, tous trois frères du marié; M. et Mme la vicomtesse de Montillet; M. le baron de Vanoy de Fonteille; M. le docteur Trossat et Mme Trossat; MM. Maurice et Gustave Buchin; Mme Jary de Pontbriant.

L'honneur d'offrir le Saint Sacrifice et d'implorer les grâces du ciel sur le nouveau couple était réservé à un jeune prêtre, M. l'abbé de Vregille, cousin de la fiancée.

Le concours d'une voix sympathique et renommée, celle de M. Protet, vint ajouter aux réjouissances de ce jour un charme de plus et faire admirer encore cet artiste éminemment catholique.

Mais les deux familles tenaient à cœur de voir consacrer cette union par les mains du digne curé de la paroisse dont l'amitié les honore depuis de longues années. M. l'abbé Serrurot, chanoine honoraire, curé des Cordeliers, donna une nouvelle preuve de sa sympathie pour les familles Laligant et Petitperrin dans le discours suivants qu'il adressa en cette circonstance.

MONSIEUR ET MADEMOISELLE,

Lorsque Dieu bénit la première union, qu'il la fonda sur l'unité indissoluble de deux existences, Il fit de cette union le modèle de toutes les unions et j'ai en ce moment, comme ministre de sa bonté auprès de vous, les mains pleines des bénédictions qu'Il répandit sur le berceau du genre humain.

La nature alors était pleine de charme, le cœur de l'homme était pur comme elle et la première femme tirée de lui était pure comme lui.

C'était le monde tel que Dieu le voulait. C'était le travail sans fatigue et la terre donnant d'elle-même, sans avoir besoin de culture, et les fleurs et les fruits. C'était la maternité sans douleur, la vie sans la mort, le bonheur sans mélange avec la perspective d'une durée sans fin.

Ces heureux temps ont disparu et l'âge d'or de l'innocence n'est plus qu'un souvenir dans la mémoire des peuples. L'abus de la liberté a détruit ce bonheur et causé nos malheurs. Que de fautes ont suivi cette première faute et ajouté à la somme de nos maux ! Qu'est devenu le mariage dans l'antiquité, au sein du paganisme ? Et même, depuis que le christianisme lui a rendu sa sainteté primitive, son unité, son indissolubilité, que de profanations, que de désordres ! aussi que d'unions malheureuses !

Toutefois, l'honneur et la vertu ne sont pas bannis de la terre et les unions heureuses et saintes ne sont pas sans exemple : vous en avez la preuve dans vos familles.

Vous, Mademoiselle, vous avez un père qui ne se contente pas de consacrer son talent à la défense de la justice, mais qui le met aussi au service de l'ordre et ne craint pas de se montrer croyant et conséquent. Vous avez une mère qui pour vous inspirer la piété, n'a eu qu'à la puiser dans la noblesse de son sang (*) et de ses sentiments.

L'honneur appelle l'honneur. — Vous appartenez, vous, Monsieur, à une famille qui donne à l'alliance que vous contractez, la considération qu'elle en reçoit. Qui ne connaît la loyauté de votre père et son dévouement à l'Église? Qui ne sait avec quelle abondance votre mère a reçu les dons de l'esprit et du cœur? Tous deux doivent être heureux et fiers de retrouver dans tous leurs fils, de retrouver en vous en particulier les sentiments chrétiens qui sont les leurs, les principes de conduite qui honorent la vie et font le bonheur du foyer domestique; principes qui sont pour eux et qui seront pour vous un héritage de famille.

Votre modèle, c'est cet aïeul vénéré, dont la longue carrière, comme magistrat et comme homme privé, a su conquérir le

(*) Mⁿᵉ Petitperrin, née de Vanoy de Fonteille.

droit incontesté à la reconnaissance et au respect de tous.

Vertu oblige : Le bon exemple que vous trouvez dans vos familles, époux chrétiens, vous le donnerez à votre tour et vous vous montrerez reconnaissants envers l'Auteur de tous les biens.

Grâce à Lui, à l'éducation intelligente et religieuse que vous avez reçue, à la sollicitude dont vous avez été constamment l'objet et qui vous a suivis partout, vous avez échappé aux dangers de notre état social actuel. Comme au premier mariage qui fut célébré par Dieu même, vous apportez à cette union, l'un et l'autre, un cœur pur et préparé à recevoir les grâces particulières dont vous avez besoin pour l'accomplissement de vos nouveaux devoirs. Cette pureté de l'affection, vous la conserverez ; cette grâce de la sainteté, vous y serez fidèles. Vous vous rappellerez que le mariage, état saint, est ordonné, non pas seulement à la satisfaction du cœur, au bonheur que l'on peut recevoir et donner, mais principalement au devoir dont l'accomplissement est la condition de tout bonheur, même ici-bas, de toute joie pure et véritable, de toute consolation dans les épreuves inséparables de la vie présente ; — qu'il est ordonné à la sanctification de ceux qui embrassent cet état et à la bonne éducation des enfants qui appartiennent à Dieu et qu'il s'agit de former pour la famille, pour la société civile et religieuse, pour la patrie céleste.

Dieu aime les familles nombreuses et les bénit. Mais, ce n'est pas assez de transmettre la vie, il faut transmettre la vertu et donner bon exemple. Soyez donc l'un pour l'autre, soyez pour tous un encouragement au bien, un bon exemple. Soyez unis par le cœur ; mais, aimez-vous aussi par devoir. Ce dernier sentiment est plus solide, plus durable, plus saint et peut devenir nécessaire. Je ne vous dirai pas : ayez de l'indulgence pour vos torts réciproques, car j'ai la confiance que cette vertu ne vous sera pas nécessaire.

Et maintenant, encore un mot, pour vous dire les vœux que nous formons pour vous.

Il y a un instant, je vous parlais d'un aïeul vénéré que vient d'affliger, après une union de plus d'un demi-siècle, la perte d'une épouse dont le nom rappelle la bienfaisance. Eh bien, que la durée, exceptionnelle de cette union bénie mesure la durée de la vôtre, également heureuse et sainte. Vivez de longues années, soyez heureux dans l'espérance du vrai bonheur et revivez dans une postérité nombreuse qui soit digne de vos familles et digne de vous.

Tels sont les vœux que nous formons pour vous, que forment aussi cette assistance d'élite, cette parenté nombreuse qui vous entourent de tant de bienveillance, que forme ce prêtre distingué, votre parent qui va célébrer pour vous l'auguste sacrifice, que forme ce professeur éminent (*), l'honneur de ce diocèse, qui vous honore de sa présence et de sa sympathie, que je forme, moi, l'ami de vos familles, qui espère que vous aussi vous serez une famille bénie, que vous serez une famille modèle et que vous réaliserez les promesses que vous fait ce jour qui semble sourire à vos vœux, les espérances que nous font concevoir les avantages de toute sorte qui sont votre partage et en particulier vos bonnes qualités personnelles et la piété qui vous distingue.

(*) M. l'abbé Grandvaux, directeur au séminaire de Saint-Sulpice.

Après ce discours et immédiatement avant la bénédiction nuptiale, M. le Curé prononça quelques paroles pour annoncer la bénédiction accordée aux futurs époux par le Souverain Pontife. Voici ces paroles et la lettre de Monseigneur Mercurelli.

« Au moment de bénir votre union je suis heureux de vous donner, comme intermédiaire, une bénédiction bien précieuse, la bénédiction du Souverain Pontife que vous avez eu le bonheur d'obtenir par l'entremise d'un saint éminent Prélat, qui veut bien vous honorer de sa haute bienveillance.

« Voici la lettre du Prélat secrétaire de Sa Sainteté.

Monsieur,

Le Saint Père a donné la Bénédiction que vous désirez, à vous et à votre fiancée, le jour de la Visitation, 2 de ce mois de juillet; et moi, je vous présente mes félicitations les plus sincères.

Rome, 6 juillet 1877.

François MERCURELLI.
Secrétaire des Brefs aux Princes. »